AF496843

LE JAPON

ET SES DERNIERS TRAITÉS

AVEC LES PUISSANCES EUROPÉENNES

PAR

LÉON PAGÈS

ANCIEN ATTACHÉ DE LÉGATION EN CHINE.

Extrait du CORRESPONDANT.

PARIS

CHARLES DOUNIOL, LIBRAIRE-ÉDITEUR

29, RUE DE TOURNON 29.

1859

LE JAPON

ET SES DERNIERS TRAITÉS AVEC LES PUISSANCES EUROPÉENNES

Révélé par Marco Polo dans le treizième siècle, visité pour la première fois en 1542 par trois Portugais naufragés, le Japon n'a été ouvert à l'Europe que par l'apostolat chrétien. En 1549, saint François Xavier ramena dans ces îles un Japonais qu'il avait converti à Malacca, et y fonda dans moins de deux années une chrétienté prodigieuse par le nombre et par les vertus.

Trente-six ans après (1585), trois ambassadeurs japonais allaient à Rome présenter leurs hommages au pape Grégoire XIII.

Les Portugais les premiers profitèrent pour leur commerce des voies ouvertes par la religion, et, au milieu du dix-septième siècle, leurs échanges avec le Japon étaient encore immenses.

Par malheur les rivalités funestes des Portugais et des Espagnols, celles de ces deux peuples avec les Anglais et les Hollandais, et surtout les accusations calomnieuses des hérétiques Hollandais contre les missionnaires et les chrétiens, compromirent la paix de l'Eglise et suscitèrent la persécution. Le martyre de six franciscains, de trois frères de la compagnie de Jésus et de dix-sept Japonais, en 1597, sous le règne de Taicosama, fut la première scène d'une longue tragédie.

Pendant le même temps les Hollandais et les Anglais voyaient s'accroître leur influence et leurs établissements.

En 1611, les Hollandais eurent l'autorisation de créer une factorerie ; en 1613, les Anglais obtinrent la même faveur. Toutefois le Japon se réserva le droit de modifier ou de restreindre toutes les concessions faites, et le commerce, réduit aux comptoirs de Nagasaki et de Firando, se développa lentement; un instant associés aux Hollandais, les Anglais abandonnèrent bientôt la place (1623), et échouèrent dans tous les efforts qu'ils tentèrent depuis pour rentrer dans leurs anciens droits. Une nouvelle dénonciation contre les Portugais, confinés dans l'île de Décima, amena leur expulsion complète par l'édit de 1637, qui interdit rigoureusement à tout Japonais de sortir du pays, ou d'y rentrer s'il en était sorti ; qui prohiba le christianisme en termes absolus, mit à prix la tête des prêtres, et bannit à jamais la race portugaise.

En 1640, quatre ambassadeurs portugais furent saisis contre le droit des gens, et donnèrent leur vie pour Jésus-Christ. Ce fut le dernier signe de présence des Portugais au Japon.

Les Hollandais restèrent seuls, enfermés dans l'île de Décima, humiliés profondément et réduits à un commerce qui ne devait pas excéder un navire et deux millions par an ; ils ne se maintinrent pendant cent cinquante ans qu'à force de patience obstinée, et aussi d'abaissements sans nom. Un autre danger les attendait au commencement de ce siècle. L'Angleterre, maîtresse de Java en 1805, voulut à tout prix s'emparer de la factorerie hollandaise ; elle fut conservée à son pays par l'inébranlable courage de l'*opperhoofd*, M. Henry Doeff. Une nouvelle et coupable agression d'une frégate anglaise, le *Phaéton*, qui abusa du pavillon hollandais, en 1808, n'eut pas plus de succès, et ne fit qu'augmenter chez les Japonais la haine des Européens.

Les Russes échouèrent en 1802 et en 1804, lorsqu'ils envoyèrent le capitaine Laxman, et l'ambassadeur, M. de Résanoff ; et les actes de barbarie exercés sur l'île Saghalien ajoutèrent encore à ces sentiments hostiles.

Cependant ce mouvement immense, qui paraît dans notre siècle devoir rapprocher les races et les peuples dans l'unité de civilisation, et par celle-ci dans l'unité chrétienne, ce mouvement devait s'étendre jusqu'à cette terre du Japon, qui contient de vingt-cinq à trente millions d'hommes, vivant sous le même climat que nous, intelligents, énergiques, et si longtemps rebelles à notre alliance, après avoir avec tant d'ardeur embrassé d'abord notre religion et nos coutumes.

Les États-Unis, l'Angleterre, la France, la Russie, les quatre puissances dans lesquelles réside le principat du monde, ont depuis dix ans tenté presque à la fois de pénétrer dans cet archipel mystérieux où la Hollande avec son énergie mercantile, mais sans profit pour le christianisme, a conservé depuis deux cents ans une existence équivoque et précaire. Nous voulons exposer les progrès de la politique européenne, depuis 1852 jusqu'à nos jours.

I

RELATIONS AVEC LES ÉTATS-UNIS (1852-1853).

Les Américains du Nord, devenus possesseurs de l'Orégon et de la Californie, commencèrent à se trouver à l'étroit entre deux Océans,

et dirigèrent de longs regards vers l'Asie, et cet archipel japonais, enceinte avancée du continent chinois. L'empire du Japon, fermé depuis deux cents ans au commerce universel, leur parut une station favorable pour leurs expéditions de trafic et de pêche, et une base essentielle d'opérations vis-à-vis de la Chine, au moment où les acquisitions nouvelles de l'Angleterre et les progrès continus de la Russie conviaient à la concurrence les nations ambitieuses. La Russie elle-même s'était à la fois avancée vers la Chine et vers le Japon. L'annexion d'une grande province à l'embouchure de l'Amour, et l'invasion successive de plusieurs des Kouriles révélaient des projets inflexibles, et, suivant une expression du *Siogoun* japonais, le czar de Russie éprouvait de l'inclination pour les provinces *du soleil levant* La nation américaine devait donc se hâter, si elle prétendait intervenir et se maintenir en équilibre avec les autres puissances.

Le commodore Perry, qu'une étude sérieuse des documents anciens avait initié à la connaissance des institutions et du caractère du peuple japonais, proposa des plans au gouvernement de Washington : l'expédition, si conforme d'ailleurs au sentiment national, fut résolue et entreprise. Perry lui-même fut chargé de commander l'escadre, et investi des pouvoirs les plus étendus pour la conclusion d'un traité. Ses instructions eurent surtout pour objet l'établissement, en des places convenables, de dépôts de charbon pour les vapeurs franchissant la mer Pacifique, et l'ouverture d'un ou de plusieurs ports de refuge et d'approvisionnement pour les baleiniers et les autres navires américains.

Pour maintenir la discipline de l'escadre et garantir le secret des opérations, le commodore ne voulut admettre sur ses vaisseaux aucune personne étrangère à la marine américaine, quels que fussent d'ailleurs la valeur et les titres de l'individu et les services qu'il eût pu rendre, préférant sagement recueillir pour le présent moins de fruits scientifiques et sacrifier tout autre intérêt à l'intérêt principal. Il édicta de plus cette mesure de rigueur, que tous les journaux rédigés à bord seraient considérés comme la propriété du gouvernement, jusqu'à ce que le département de la marine eût permis de les rendre publics. Enfin la correspondance des personnes de l'escadre ne devait renfermer aucun détail relatif à l'expédition.

Le commodore partit le 24 novembre 1852 sur le vapeur le *Mississipi*. Son escadre devait le rallier dans les mers de Chine.

Nous avons sous les yeux le récit officiel de la campagne et des négociations qui se terminèrent par le traité de Kanagawa. Ce livre, publié par les ordres du congrès des États-Unis, n'est pas seulement un document historique : il est l'expression rigoureuse de la politique et des théories sociales de la nation américaine.

Le commodore était à Hong-Kong le 7 avril 1853. Il y trouva réunis
la plupart de ses bâtiments, et le 28 avril il se dirigea vers Chang-
Haï pour garantir ses nationaux, menacés par l'insurrection chinoise,
et qui avaient réclamé la protection de l'honorable Humphrey Marshall,
ministre des États-Unis en Chine. Le commodore laissa le *Plymouth*
en station à Chang-Haï, pour la protection des intérêts américains :
mais il ne consentit point à différer son départ, et poursuivit sans hé-
sitation sa mission officielle.

Le 26 mai il parut devant Napha, le principal port de la grande île
Lew-Chew. L'archipel de Lew-Chew, conquis par les Japonais sur la
Chine depuis deux cents ans, dépend de la principauté de Satsuma,
et néanmoins il envoie toujours un tribut à la Chine. La perpétuité
de cet acte d'hommage laissait indécise pour les savants européens
l'attribution politique de ces îles ; mais il est avéré qu'elles dépendent
réellement du Japon, et qu'elles ne payent le tribut à la Chine que par
l'effet d'un long usage et sans obligation politique.

Le commodore n'obtint qu'avec peine et après de longs pourparlers
l'ouverture des rapports avec le régent : le prince des Lew-Chew, enfant
de onze ans, se trouvait, dit-on, malade, et fut invisible. Les Américains admirèrent la dignité naturelle et les grandes manières des
fonctionnaires japonais. Ils allaient apprendre à connaître un peuple
d'une nature supérieure, héroïque dans ses anciennes guerres, toujours profondément politique, et qui par les dons de l'intelligence et
l'amour de la science peut aller de pair avec les nations les plus
civilisées. Si cette race obtenait la liberté religieuse et pouvait ré-
générer ses qualités natives dans les eaux spirituelles de la vérité
chrétienne, on la verrait précéder dans la voie tous les peuples de
l'Asie, et ses nobles enfants imiteraient les vertus de leurs généreux
ancêtres qui ont illustré le seizième et le dix-septième siècles : ils nous
rappelleraient comme eux les faits exemplaires de la primitive Église.

Le commodore fit explorer l'île principale au point de vue géologi-
que, afin de connaître, s'il en existait, les gisements de charbon. En
même temps il voulut obtenir une résidence temporaire dans l'île.
C'est ici l'occasion de signaler les allures conquérantes du peuple
américain. Les autorités indigènes refusaient l'autorisation, pour les
officiers, de demeurer à terre. « Mais, dit la narration officielle, nos
« officiers avaient reçu l'ordre de se procurer une maison, et ils ré-
« solurent d'obéir : ils laissèrent l'un d'entre eux avec l'interprète
« pour dormir dans l'édifice, et les autres revinrent au vaisseau rendre
« compte au commodore. L'officier et l'interprète occupèrent deux
« des nattes pendant cette nuit, et les insulaires dormirent sur les
« autres. *Ce n'était donc pas*, est-il ajouté, *prendre possession d'une*
« *demeure par la force, ainsi qu'on l'a représenté.* »

Mais, en vérité, qu'était-ce donc, sinon une invasion violente et armée ! D'ailleurs le commodore Perry n'avait-il pas écrit, dans une dépêche au secrétaire de la marine, datée du 14 décembre 1852, c'est-à-dire au début de la campagne, que l'occupation du principal port de Lew-Chew pour l'ancrage des vaisseaux de guerre américains, et pour le refuge des navires marchands de toutes les nations, serait une mesure, « non-seulement justifiée par les règles les plus sévères «-de la loi morale, mais, ce qui était encore à considérer, par les lois « de l'inflexible nécessité, et que l'argument pouvait être confirmé « par ses résultats évidents, c'est-à-dire par l'amélioration de la con- « dition des indigènes, dans le cas même où les vices inhérents à la « civilisation leur pourraient être communiqués.

« Dans mon ancien commandement sur la côte d'Afrique et dans « le golfe du Mexique, ajoute le commodore Perry, quand les cir- « constances m'imposèrent l'obligation de subjuguer un grand nom- « bre de villages et de populations rurales, je parvins sans peine à « me concilier la sympathie et la confiance de la nation conquise, en « exerçant le pouvoir illimité dont j'étais investi, plutôt pour assu- « rer son bien-être et à protéger que pour la tyranniser : et, quand « nos forces navales s'éloignèrent du pays, elles emportèrent avec « elles la reconnaissance et les vœux favorables de leurs anciens en- « nemis : je crois de même que les naturels de Lew-Chew, s'ils sont « traités avec une justice absolue et une bienveillance tout amicale, « rendront la confiance pour la confiance, et qu'en peu de temps « les Japonais apprendront à nous considérer comme des amis. »

Dans la réponse du gouvernement des États-Unis à la dépêche du commodore, et qui est transcrite après la dépêche, sans approuver positivement l'emploi de la force, on s'exprime avec une ambiguïté subtile : « Le président, y est-il dit, partage votre opinion, qu'il « est au plus haut point désirable et probablement nécessaire pour « la sécurité de l'expédition que vous commandez, que vous puis- « siez vous assurer un ou plusieurs ports de refuge d'un accès facile. « Si vous trouvez qu'on ne puisse obtenir ces ports dans les îles mêmes « du Japon sans recourir à la force, vous devrez nécessairement les « chercher quelque part ailleurs. Le président partage votre opinion « qu'il y a toute chance favorable de les rencontrer aux Lew-Chew : le « caractère bienveillant et pacifique de leurs habitants permet d'es- « pérer que vous serez bien accueilli. » Et le secrétaire d'État revient encore sur l'emploi de la force, mais seulement dans le cas de la légi- time défense ou de la propre conservation. Tant de latitude ouverte à l'interprétation laissait bien à penser que les cas restrictifs dépen- daient de l'arbitraire du commodore Perry.

Les Américains, dans ce séjour aux Lew-Chew, poursuivirent donc le but de leur expédition aussi loin qu'il leur parut possible de l'étendre : ils menèrent à fin chaque résolution annoncée, donnant toujours à connaître qu'il serait périlleux de leur tenir tête. C'est le système absolu des Américains, l'inflexible *go-ahead* dans la voie de la domination violente et des intérêts matériels. Mais ici la politique japonaise, avec sa souplesse et ses subtilités, fatigua ses adversaires par une résistance passive et par une réaction incessante, n'accordant aux Américains, dans cette campagne, ainsi qu'on le verra, que des concessions secondaires et des avantages de peu de valeur.

Le commodore envoya des Lew-Chew deux de ses navires pour explorer les *Bonin*, groupe d'îles situé dans la mer du Japon, entre les 25° 30' et 27° 45' de latitude nord, et dont le centre a pour longitude le 142° 15' de longitude Est de Greenwich. Ces îles étaient inhabitées en 1850, quand des navires venus des îles Sandwich y déposèrent quelques matelots de nations diverses qui y fondèrent une petite colonie. Cependant la priorité de la découverte est revendiquée par les États-Unis.

Quoi qu'il en soit, le commandant du *Susquehanna* acheta des résidents quelques ares de terre pour y construire un dépôt de charbon, et planta sur ce terrain le pavillon étoilé[1].

L'escadre américaine, revenue à Napha le 25 juin, apprit qu'un nouveau régent venait d'être installé. Les rapports avec ce dignitaire furent aussi froids qu'avec son prédécesseur.

La narration officielle contient sur les Lew-Chew des détails remplis d'intérêt. Elle donne des habitants la plus favorable idée d'après ce qu'ont permis d'apprécier un séjour de quelques semaines et le contact imparfait avec les naturels. L'ouvrage américain renferme des matériaux précieux et presque définitifs au point de vue de la géographie, de l'hydrographie et des sciences d'observation. Il en sera de même pour les parties du Japon visitées par l'escadre.

Mais nous arrivons au point essentiel de l'expédition.

Le 8 juillet, l'escadre américaine jetait ses ancres devant Uraga, cité considérable située sur le littoral ouest de la baie d'Yédo. Un des bateaux de garde vint apporter un message : c'était l'ordre, écrit en langue française, de se retirer immédiatement, sous la menace d'être traité comme ennemi. Le commodore fit répondre qu'il voulait traiter avec la principale autorité d'Uraga, et que, si les bateaux de garde ne

---

[1] Cette acquisition et cette sorte de prise de possession furent bientôt l'objet d'une correspondance officielle entre sir Georges Bonham, gouverneur anglais d'Hong-Kong et le commodore Perry. Le commodore américain disait au gouverneur d'Hong-Kong (p. 215 de la relation) : « Mon plan est d'établir une colo- « nie à *Port-Lloyd*, sur l'île *Peel*, la principale du groupe des Bonin, laissant la « question de souveraineté à discuter plus tard. »

s'éloignaient pas, il allait les faire disperser par la force. Les bateaux s'éloignèrent.

Le lendemain le gouverneur de la ville se rendit à bord, et fut reçu par les capitaines Buchanan et Adams. Ce personnage insista d'abord afin que le commodore se rendît à Nagasaki, place déterminée par les lois pour toutes les affaires étrangères. Les officiers américains répondirent au gouverneur que le commodore Perry, porteur d'une lettre officielle du président des États-Unis pour l'empereur du Japon, n'irait point à Nagasaki, et ne remettrait son message qu'à l'un des principaux ministres du Siogoun, dans Uraga, si l'on voulait, ou, s'il était nécessaire, dans la capitale même, c'est-à-dire à Yédo.

Le plan officiel du commodore était de réclamer comme un droit tous les procédés en usage entre les nations civilisées, et de n'endurer aucune avanie déshonorante pour le pavillon. Les équipages américains furent tenus sur le pied de combat durant toute l'expédition.

Trois jours furent demandés par le gouverneur afin d'informer sa cour : Perry les accorda.

Cependant les bateaux américains exploraient la baie d'Uraga et celle d'Yédo. Le gouverneur ayant fait des réclamations en alléguant que cet acte était prohibé par les lois japonaises, on lui répondit *que la loi américaine le commandait, et que les Américains devaient obéissance à la loi américaine plutôt qu'à la loi japonaise.*

La réponse de la cour arriva le 12 juillet : l'empereur consentait à déléguer un prince de son conseil uniquement pour recevoir le message du président des États-Unis, mais non pour entrer en conférence et discuter dès lors les conditions d'un traité. Ce fut le prince d'Idzu, que devait accompagner celui d'Iwamo, selon la coutume japonaise d'associer toujours deux personnes dans les missions politiques.

On construisit sur le rivage, auprès du bourg de Sori-Hama, un édifice en bois destiné pour l'entrevue officielle. Le commodore s'y rendit le 14 juillet avec une escorte nombreuse, près de trois cents personnes : les Américains déployèrent en cette circonstance l'appareil le plus imposant. Dans l'entrevue, le commissaire impérial *Toda-Idzu-No Cami*, premier conseiller de l'empire, et *Ido-Iwami-No Cami*, immobiles comme des statues, ne proférèrent pas une seule parole, et ne firent aucun mouvement, si ce n'est pour se lever et saluer à l'entrée et à la sortie le commodore américain.

Perry remit la lettre avec solennité : cette lettre était ainsi conçue

Millard Fillmore, président des États-Unis d'Amérique, à Sa Majesté
impériale l'Empereur du Japon.

« Grand et bon ami, je vous adresse cette lettre officielle par le commodore
Matthew C. Perry, officier du rang le plus élevé dans la marine des États-
Unis, et commandant de l'escadre qui visite à cette heure les domaines de
Votre Majesté Impériale.

« J'ai chargé le commodore Perry de déclarer à Votre Majesté Impériale
que je suis animé des dispositions les plus amicales envers la personne et le
gouvernement de Votre Majesté : je n'ai point d'autre objet, en envoyant cet
officier au Japon, que de proposer à Votre Majesté Impériale d'établir entre les
États-Unis et le Japon des liens d'amitié et des relations réciproques de
commerce.

« La constitution et les lois des États-Unis *défendent toute intervention
dans les affaires religieuses ou politiques des autres nations.* J'ai intimé for-
mellement au commodore Perry l'ordre de s'abstenir de tout acte qui pourrait en quelque façon troubler la paix dans les domaines de Votre Majesté Impériale.

« Les États-Unis d'Amérique s'étendent d'un Océan à un autre Océan : notre
territoire de l'Orégon et l'État de Californie se trouvent directement vis-à-vis
des domaines de Votre Majesté Impériale. Nos vapeurs peuvent en dix-huit
jours franchir l'intervalle qui sépare la Californie du Japon.

« Notre grand État de Californie produit chaque année environ soixante millions de dollars en revenu, sans parler de l'argent, du mercure, des pierres
précieuses et d'un grand nombre d'autres articles de valeur. Le Japon est
également un pays riche et fertile, et produit un grand nombre d'articles de
valeur. Les sujets de Votre Majesté Impériale sont très-habiles dans beaucoup d'arts. Je désire vivement que nos deux contrées puissent trafiquer
ensemble, dans l'intérêt commun du Japon et des États-Unis.

« Nous savons que les lois anciennes sur lesquelles est fondé le gouvernement de Votre Majesté ne permettent point de commerce avec les étrangers,
si ce n'est avec les Chinois et les Hollandais ; mais, de même que les choses
du monde se modifient avec le temps, et qu'il se crée de nouveaux gouvernements, la raison veut que d'époque en époque il soit institué des lois nouvelles. Et de même il a existé un temps où les lois si anciennes du gouvernement de Votre Majesté ont été instituées.

« Vers la même époque, l'Amérique, qui s'appelle aussi le nouveau monde,
fut premièrement découverte, et bientôt colonisée par les Européens. Pendant
un long intervalle, sa population fut peu nombreuse et très-pauvre ; elle est
aujourd'hui devenue très-nombreuse : son commerce a pris une extension
immense ; et elle estime que, si Votre Majesté Impériale veut bien consentir
à modifier ses lois anciennes et à permettre un libre commerce entre les
deux pays, ce sera d'un avantage infini pour les deux.

« Si Votre Majesté Impériale ne considère point comme un acte prudent
d'abroger irrévocablement les lois anciennes qui prohibent le commerce

étranger, elle peut seulement les suspendre pour cinq ou dix ans, de manière à faire une épreuve. Si cette épreuve ne produit pas les résultats avantageux qui sont espérés, les anciennes lois pourront être remises en vigueur. Souvent les États-Unis limitent leurs traités avec les nations étrangères à un petit nombre d'années, et, après ce temps, selon qu'il leur plaît, ils les renouvellent ou les laissent prendre fin.

« J'ai prescrit au commodore Perry de soumettre un autre article à Votre Majesté Impériale. Une grande quantité de nos navires se rend chaque année de Californie en Chine, et un grand nombre de nos concitoyens se livrent à la pêche de la baleine dans les parages du Japon. Il arrive quelquefois, dans les jours de tempêtes, que quelqu'un de nos vaisseaux se brise contre les rivages de Votre Majesté. Dans tous les accidents de cette nature, nous demandons et nous espérons obtenir que nos malheureux concitoyens soient traités avec humanité, et que leur propriété soit protégée, jusqu'à ce que nous puissions envoyer un autre navire pour les ramener dans leur pays. Nous avons grandement à cœur cet article.

« Le commodore Perry est encore chargé par moi de représenter à Votre Majesté Impériale que nous savons qu'il existe une grande quantité de charbon et de provisions de tout genre dans l'empire du Japon. Nos vapeurs, en franchissant le grand Océan, consument une grande quantité de charbon, et il est très-difficile d'apporter d'Amérique la provision de tout un voyage. Nous désirons que nos vapeurs et nos autres navires aient la permission de faire escale au Japon, et de s'y pourvoir de charbon, de provisions et d'eau. Ils payeront toutes choses en argent monnayé, ou en toute autre valeur qui sera préférée par les sujets de Votre Majesté Impériale; et nous prions Votre Majesté Impériale de désigner un port convenable, dans la partie méridionale de l'empire, où nos vaisseaux pourraient s'arrêter à cet effet. Nous désirons encore très-vivement cet article.

« Tels sont les seuls motifs pour lesquels j'ai envoyé le commodore Perry, avec une puissante escadre, afin de visiter la résidence de Votre Majesté, la cité fameuse d'Yédo : l'amitié, le commerce, des fournitures de charbon et de provisions, et la protection pour nos gens naufragés.

« Nous avons chargé le commodore Perry de prier Votre Majesté Impériale d'accepter quelques présents. Ils ne sont pas d'une grande valeur en eux-mêmes; mais quelques-uns d'entre eux peuvent servir de *spécimens* des articles manufacturés dans les États-Unis, et ils sont offerts comme les gages de notre sincère et respectueuse amitié.

« Que le Tout-Puissant ait Votre Majesté Impériale en sa souveraine et sainte garde !

« En foi de quoi, etc. (Scellé.)

« Votre bon ami,

« MILLARD FILLMORE. »

A la lettre étaient jointes sa traduction en chinois et en hollandais.

Le commissaire impérial remit en échange un acte de réception écrit au nom de l'empereur. Il était exprimé dans cette pièce que les affaires des étrangers s'étaient constamment traitées, non pas à Uraga, mais à Nagasaki; mais qu'il avait été représenté que l'amiral (titre que prenait le commodore afin d'être considéré selon sa dignité, et parce que son grade était en effet le plus élevé de la marine des États-Unis) s'en trouverait insulté dans sa qualité d'ambassadeur du président; et que pour cette cause on recevait la lettre à Uraga par dérogation aux lois de l'empire. Mais, Uraga n'étant point désignée pour traiter d'aucune affaire avec les étrangers, nulle conférence ni délibération n'y pouvaient avoir lieu. La conclusion était celle-ci : *La lettre étant remise, vous n'avez qu'à partir.*

Après quelques moments de silence, le commodore fit savoir que dans deux ou trois jours il mettrait à la voile pour les Lew-Chew et Canton, et qu'il reviendrait en avril ou mai de l'année suivante, afin de recevoir la réponse de l'empereur.

L'entrevue n'avait duré que vingt ou trente minutes, et s'était accomplie avec le cérémonial le plus rigoureux et en même temps avec la courtoisie la plus parfaite.

A l'égard de l'accusé de réception au nom de l'empereur, la narration officielle voit des motifs de féliciter les États-Unis, et qualifie d'aveu du triomphe américain ces paroles : *par dérogation aux lois japonaises* [1]. Ces paroles, dans leur sens le plus naturel, nous paraissent avoir une valeur absolument contraire. Les Japonais ont consenti à recevoir la lettre américaine à Uraga au lieu de Nagasaki, par dérogation aux lois de l'empire; ils ont subi la violence et ils protestent; ils ne s'avouent nullement vaincus, et leur pensée politique reste au fond la même [2].

Le commodore fit achever l'exploration de la baie d'Yédo [3], et, passant

---

[1] Such are the remarkable words of the Japanese document, and thus in this striking phrase « *in opposition to the Japanese laws* » has Japon herself emphatically recorded the American triumph, as she has, perhaps, foretold her own regeneration (p. 265).

[2] Nous ne donnerons pas d'autre preuve à l'appui de notre opinion que les premières paroles de l'entretien du gouverneur d'Uraga avec le capitaine Buchanan, immédiatement après l'entrevue officielle :

LE GOUVERNEUR : Nous sommes heureux de constater que tout s'est passé dignement et favorablement.

LE CAPITAINE B. : Nous espérons que le Japon et les États-Unis seront toujours amis.

LE GOUVERNEUR : *Quand vous proposez-vous de vous en aller?* (Relation officielle, p. 263.)

En général les Japonais ne répondaient pas aux questions, et en adressaient d'autres. Au surplus, ils firent voir dans toutes leurs conversations une prudence et une sagacité singulières, et ne se montrèrent pas inférieurs aux diplomates européens.

[3] Le commodore considéra cette exploration comme un des principaux avantages

lui-même sur le *Mississipi*, pénétra jusqu'à dix milles environ plus avant, pour montrer le pavillon étoilé dans les eaux même de la capitale.

Dans une affaire de cette gravité, le Siogoun et les princes de l'empire, non-seulement devaient délibérer en conseil, mais aussi le Dairi devait être consulté. Pour donner un juste intervalle à ces longues délibérations, le commodore avait résolu de s'absenter, et de ne revenir qu'au printemps. Il mit donc à la voile le 17 juillet, avec son escadre, après une station de neuf jours dans la baie d'Yédo.

Le *Saratoga* fut expédié à Chang-haï pour y garantir les intérêts américains. Le 25 juillet le commodore revint à Napha. Se trouvant affermi par le succès relatif conquis à Kanagawa, il voulut imposer aux Lew-Chew des concessions additionnelles. Il obtint en effet, non sans de vives contestations, et sans des menaces de sa part, le libre commerce à marché ouvert, et il fit bâtir un magasin ou entrepôt pour le charbon de terre. Il fit encore cesser l'espionnage immédiat autour de ses officiers et de ses marins. Afin d'obtenir ces avantages, il avait dû menacer de faire débarquer deux cents hommes et de prendre possession du palais de Chuï.

Le commodore laissa le *Plymouth* aux Lew-Chew, avec la mission d'aller explorer les îles Bonin, mission qui fut accomplie immédiatement.

L'escadre revint à Hong-Kong le 7 août 1853.

Les marchands américains de Canton, appréhendant une révolution dans la cité même, demandèrent au commodore un navire pour leur protection. Le *Supply* leur fut envoyé; le reste de l'escadre jeta l'ancre à Cung-Sing-Moon, d'où l'amiral visita successivement Canton, Macao et Hong-Kong.

Vers la fin de novembre, les mouvements de la frégate française la *Constantine*, ayant pour commandant M. de Montravel, présumée partie pour le Japon, et de l'escadre russe composée de la frégate *Pallas*, montée par l'amiral Poutiatine, et de trois autres navires, cette escadre revenant elle-même du Nagasaki, déterminèrent le commodore Perry à devancer l'époque antérieurement fixée pour son retour au Japon. Le 14 janvier 1854 il mit à la voile pour les Lew-Chew.

de son expédition Il a fait ces sondages, est-il dit dans la relation, en dépit de la protestation des autorités japonaises et sous les canons de leurs forts. Évidemment c'est encore un acte d'intimidation ; mais là nous ne voyons point un résultat matériel de grande importance, ni un résultat moral, comme le dit plus loin le commodore.

L'exploration de la raie a seulement procuré d'utiles informations pour l'hydrographie japonaise.

Le commodore, dans cette visite aux Lew-Chew, découvrit d'excellent charbon dans la baie de Shah.

Au moment de quitter Napha, le commodore avait reçu du gouverneur général des Indes néerlandaises un message qui lui notifiait la mort de l'empereur ecclésiastique du Japon, arrivée peu de temps après la réception de la lettre présidentielle.

Le gouvernement japonais avait chargé le surintendant hollandais de porter ce fait à la connaissance de l'amiral américain, attendu qu'un tel événement, d'après les lois et coutumes du Japon, obligeait d'accomplir certaines cérémonies funèbres, et de régler la succession au trône, et qu'il devait entraîner comme résultat nécessaire l'ajournement de l'affaire américaine. Le commodore répondit à Son Excellence le gouverneur hollandais, après les formules ordinaires de regret sur la mort du Daïri, qu'il espérait que le gouvernement actuel du Japon apprécierait assez les intentions du président des États-Unis, exprimées dans sa lettre officielle, pour n'apporter aucun empêchement à la création de relations amicales entre la nation américaine et la nation japonaise.

Les Russes avaient reçu pareil avis du gouvernement hollandais.

Le commodore, en effet, persista et conduisit à fin son traité.

Il résume ainsi dans sa relation les objets principaux qu'il voulait obtenir :

Il devait demander des explications sur le traitement des citoyens américains naufragés ;

Obtenir l'ouverture d'un ou de plusieurs ports aux vaisseaux américains;

Négocier un traité sinon politique et complet, au moins commercial.

Dans le cas où le gouvernement japonais refuserait de traiter et d'assigner un port de refuge pour les vaisseaux marchands ou baleiniers, le commodore devait placer sous le protectorat américain la principale des Lew-Chew [1].

L'escadre américaine entra le 11 février dans la baie d'Yédo. Le lieu d'entrevue fut Yoku-Hama, à huit milles d'Yédo. On y éleva des pavillons pour les conférences, et le cérémonial fut réglé scrupuleusement à l'avance.

La première conférence devait avoir lieu le 8 mars.

Pendant ce temps l'exploration de la baie fut entreprise et con-

---

[1] Le commodore ajoute que la précaution par lui prise de laisser une compagnie de marins pour garder l'établissement américain des Lew-Chew avait pour objet de n'être point prévenu par les Russes, les Français ou les Anglais dans la prise de possession d'un archipel aussi important.

duite activement. Les Japonais protestèrent; mais le commodore, attachant une importance essentielle à cette opération, non-seulement, dit-il, dans l'intérêt prochain de l'expédition, mais dans l'intérêt général du monde civilisé, avait résolu de l'accomplir, et il l'accomplit.

Les Américains avaient choisi Yoku-Hama, village considérable entre Kanagawa et le faubourg d'Yédo nommé Sinagawa, comme étant pour les vaisseaux d'un accès plus facile que la cité même de Kanagawa. Le 8 mars fut désigné pour le premier jour des conférences.

Les commissaires avaient une apparence vraiment solennelle, et eurs manières pleines de gravité firent une grande impression sur les Américains. C'étaient *Hayashi-Daigaku-No-Cami*, prince conseiller, *Ido*, prince de *Tsusima* et le prince de *Mimasaki*; *Udono*, membre du bureau du revenu, et *Matsusaki Michikawa* étaient les quatrième et cinquième commissaires.

Le traité des États-Unis avec la Chine fut proposé par le commodore pour servir de modèle; mais les commissaires japonais refusèrent d'admettre aucune assimilation.

Les présents américains furent acceptés, notamment un appareil de télégraphie, un daguerréotype et un modèle de machine à vapeur. Après discussion, les ports de Simoda, dans l'île de Nipon et d'Hakodadi, près de Matsmaï, furent choisis par les plénipotentiaires.

Leur ouverture immédiate fut consentie. Enfin le traité fut signé; nous en donnerons le texte officiel :

« Les États-Unis d'Amérique et l'empire du Japon, désirant établir entre les deux nations une amitié forte, sincère et durable, ont résolu de fixer, d'une manière évidente et positive au moyen d'un traité ou convention générale de paix et d'alliance, les règles qui dans l'avenir devront être observées de part et d'autre dans les relations entre les pays respectifs; et pour cet objet si désirable le Président des États-Unis a investi de pleins pouvoirs son commissaire, Matthieu Calbraith Perry, ambassadeur spécial des États-Unis au Japon; et l'auguste souverain du Japon a conféré de pareils pleins pouvoirs à ses commissaires, Hayashi-Daigaku-No-Cami, Ido, prince de Tsusima, Izawa, prince de Mimasaki, et Udono, membre du bureau du revenu.

« Et lesdits commissaires, après avoir échangé leurs pleins pouvoirs, et avoir dûment examiné les préliminaires, sont convenus des articles suivants :

« Art. Ier. Il existera désormais une paix parfaite, universelle et permanente, et une alliance cordiale et sincère, entre les États-Unis d'Amérique, d'une part, et l'empire du Japon d'autre part, et leurs nationaux respectifs, sans exception aucune de personnes ou de lieux.

« Art. II. Le port de Simoda, dans la principauté d'Idzu, et le port d'Hakodadi, dans la principauté de Matsmaï, sont ouverts par les Japonais pour l'admission des navires américains, et l'on y devra fournir à ces navires le bois, l'eau, les provisions de mer, le charbon, et tous autres objets que leurs besoins exigeront, en tant que les Japonais en seront pourvus. L'ouverture du premier desdits ports devra suivre immédiatement la signature du traité ; le second port s'ouvrira seulement à pareil jour de la prochaine année japonaise.

Note. — Un tarif de prix sera produit par les officiers japonais, pour les objets qu'ils pourront fournir, et le payement devra s'accomplir en espèces monnayées d'or et d'argent.

« Art. III. S'il arrive que des navires des États-Unis s'échouent, ou se brisent à la côte, les navires japonais devront leur porter assistance, transporter leurs équipages à Simoda ou Hakodadi, et les consigner aux officiers ayant qualité pour les recevoir. Tous les objets quelconques que les personnes naufragées auront pu conserver leur seront restitués, et les dépenses respectivement occasionnées aux deux nations par le sauvetage ou par l'assistance des Américains ou Japonais ainsi naufragés ne seront point remboursées par les nations respectives.

« Art. IV. Les individus naufragés et tous autres citoyens des États-Unis seront libres comme en toute contrée, et ne seront en aucun cas passibles d'emprisonnement, mais soumis uniquement à l'autorité des justes lois.

« Art. V. Les individus naufragés, et les autres citoyens des États-Unis, résidant temporairement à Simoda et à Hakodadi ne seront sujets à aucune restriction ni à la séquestration, ainsi que le sont les Hollandais et les Chinois à Nagasaki ; mais à Simoda les Américains seront libres d'aller où il leur plaira dans les limites de sept milles (ou *ri*) japonais, en prenant pour point de départ une petite île du port de Simoda, marquée sur la carte annexée au traité. Ils jouiront de la même liberté à Hakodadi, dans les limites qui ont été déterminées après la visite faite par l'escadre des États-Unis à ce port.

« Art. VI. S'il existait quelque autre nature d'articles dont on reconnût le besoin, ou quelque affaire qui dût être réglée, il y aurait délibération sérieuse entre les parties avant de rien conclure.

« Art. VII. Il est convenu que les navires des États-Unis abordant aux ports qui leur sont ouverts auront l'autorisation d'échanger les espèces d'or et d'argent et les articles de marchandises contre d'autres marchandises, d'après les règlements qui seront actuellement établis à cet égard par le gouvernement japonais. En même temps il est stipulé que les navires des États-Unis auront la permission de réexporter tous les articles qu'ils ne voudront pas échanger.

« Art. VIII. Le bois, l'eau, les provisions de mer, le charbon et les articles de marchandises demandés, doivent être fournis par une agence d'officiers japonais, commis à cet effet, et non d'une autre manière.

« Art. IX. Il est stipulé que si, un jour à venir, le gouvernement japonais accordait à une ou à plusieurs autres nations des privilèges et des avantages qui ne sont point concédés à cette heure aux États-Unis et à leurs citoyens, tous les mêmes privilèges et avantages appartiendront aux États-Unis et à leurs citoyens sans délibération nouvelle et sans aucun délai.

« Art. X. Les navires des États-Unis n'auront point la faculté d'aborder à d'autres ports du Japon qu'à Simoda et à Hakodadi, si ce n'est dans un cas de détresse, ou par l'effet de la violence des vents.

« Art. XI. Il sera nommé par le gouvernement des États-Unis des consuls ou agents à la résidence de Simoda, dès que ce gouvernement le jugera convenable, mais seulement après le terme de dix-huit mois à dater de la signature du présent traité: pourvu que l'un des deux gouvernements estime cette institution nécessaire.

« Art. XII. La présente convention, ayant été conclue et signée dans les formes, sera obligatoire, et devra être fidèlement observée par les États-Unis d'Amérique et par le Japon, et par les citoyens et sujets de ces deux puissances; et il devra être ratifié et approuvé par le Président des États-Unis, de l'avis et avec le consentement du Sénat des États-Unis, et par l'auguste souverain du Japon : les ratifications en seront échangées dans les dix-huit mois de la date de la signature actuelle, ou même auparavant, s'il est possible.

« En foi de quoi, nous les plénipotentiaires respectifs des États-Unis d'Amérique et de l'empire du Japon, ci-dessus nommés, nous avons signé et scellé les présentes.

« Fait à Kanagawa, le trente et unième jour de mai, de l'année de N. S. J. C., 1854, et de Kayei la septième année, le troisième mois et le troisième jour. »

Au moment où le traité venait d'être conclu, nous trouvons dans la narration américaine un fait singulier et qui met bien en lumière l'esprit japonais, avec son désir de connaissances et son énergie pour ainsi dire sans limites :

Deux Japonais avaient remis une lettre à des officiers américains descendus à terre, et, mettant le doigt à leurs lèvres, avaient disparu. Dans cette lettre ils exprimaient la demande instante d'être conduits aux États-Unis afin d'y acquérir des notions scientifiques : ils ajoutaient qu'ayant appris dans les livres combien grande était la perfection des mœurs et de l'éducation en Europe et en Amérique, ils avaient désiré depuis bien des années de visiter et connaitre les cinq grands continents : mais la loi rigoureuse leur avait interdit cette satisfaction. Ils avaient essayé, disaient-ils, de passer à bord des vaisseaux américains au mouillage d'Yoku-Hama, et ils annonçaient l'intention de renouveler leur tentative pendant la nuit suivante.

En effet, vers deux heures du matin, le 27 avril, deux hommes s'approchèrent sur un esquif et accostèrent le vapeur *Mississipi* : renvoyés par le capitaine vers le vaisseau amiral, ils y passèrent, laissant aller leur embarcation en dérive. C'étaient des hommes d'excellentes manières, appartenant à la noblesse comme on le voyait par leurs deux épées. Le commodore leur fit témoigner son regret de ne pouvoir les admettre à son bord, s'ils n'avaient une licence préalable de leur gouvernement. Ils parurent vivement affligés, déclarant que, s'ils retournaient à terre ils perdraient infailliblement la vie, et ils implorèrent la faculté de demeurer. Cette faculté leur fut refusée *avec douceur, mais avec fermeté*, dit la relation officielle. Une longue discussion s'ensuivit, dans laquelle les deux Japonais employèrent tous les arguments qu'ils purent imaginer en invoquant l'*humanité des Américains.* Mais un bateau fut mis à la mer, et, après une faible résistance de la part des Japonais, ils furent reconduits au rivage.

Le lendemain un interprète vint à bord, et demanda si deux indigènes, égarés d'esprit, n'étaient pas allés durant la nuit à bord d'un navire américain. On répondit qu'on l'ignorait.

Le commodore envoya des officiers intercéder pour les deux Japonais. On lui fit dire de ne concevoir aucune inquiétude, cette affaire étant de nulle importance.

Le commodore, dit la relation officielle, aurait voulu favoriser une curiosité libérale. Mais l'empire du Japon, est-il ajouté, défend rigoureusement et sous peine de mort le passage à l'étranger d'aucun de ses sujets, et les deux Japonais étaient criminels devant leurs propres lois. L'événement, du reste (nous continuons le récit officiel), était plein d'intérêt et montrait un désir immense de s'instruire dans ces deux Japonais d'un rang distingué, qui se montraient disposés à braver les lois rigoureuses de leur pays encourant jusqu'à la mort pour ajouter à leurs connaissances. Et dans cette inclination de la nation japonaise, quelle perspective intéressante et remplie d'espérance s'ouvre à la pensée, dit encore le narrateur officiel, pour l'avenir de ces contrées !

Mais le récit n'est point terminé. Les deux malheureux gentilshommes furent enfermés dans des espèces de cages, et furent vus ainsi par des officiers américains. L'un des Japonais remit à ces officiers quelques lignes écrites sur un morceau de bois. Ces lignes étaient des sentences d'une résignation stoïque, et l'on n'y trouvait aucune plainte contre les Américains. La dernière parole était très-belle : « Si nous pleurons, nous paraissons des fous; si nous rions, d'impudents scélérats : à des malheureux tels que nous on ne permet que le silence. » Le commodore apprit quelques jours après qu'on avait transféré ces pauvres gens à Yédo, le gouvernement impérial les ayant réclamés dans sa juridiction. Les Américains ignorèrent leur sort final, mais espérèrent qu'une dérogation serait faite en leur faveur à la sanguinaire législation de l'Empire. Le commodore affirme qu'il en a reçu la promesse. Mais on n'est pas rassuré par ses espérances, et il est triste de penser que ces deux Japonais auront pu être victimes de leur noble désir et de l'inhospitalité des Américains.

Le 19 mai, le commodore, qui s'était rendu à Hakodadi, fut visité à bord du *Mississipi* par un représentant du prince de Matsmaï, ce prince n'ayant pas osé quitter sa résidence. Le Japonais refusa de concourir à la fixation des limites, et voulut attendre les commissaires impériaux.

Pendant le séjour de l'escadre à Hakodadi, le *Southampton* explora la baie des Volcans et le port d'Endermo, à soixante-dix milles au nord d'Hakodadi vers la pointe sud-est d'Yesso.

Le commodore revint à Simoda le 7 juin, et eut de nouvelles entrevues avec les commissaires impériaux. On y détermina les limites pour Hakodadi, qui furent de cinq milles en tous sens.

Les articles additionnels au nombre de douze furent signés le 17 juin.

On avait également fixé par une convention séparée la valeur respective des monnaies. On vit encore en cette occasion la politique en retour et les mille industries des Japonais, atténuant de tout leur pouvoir par des évaluations inexactes des valeurs monétaires toutes les concessions précédentes.

Le 28 juin, l'escadre mit à la voile et revint aux Lew-Chew, où se conclut le 15 juillet un traité spécial à cet archipel.

A Napha se reproduisit à l'occasion d'un Japonais homme du peuple l'épisode affligeant d'Yoku-Hama. Ce Japonais vint à la nage à bord du *Lexington*, et demanda d'être admis à bord et d'être emmené aux États-Unis. Conduit vers le bâtiment amiral, il fut renvoyé à terre par les ordres du commodore.

Perry quitta les dernières terres japonaises le 17 juillet, et se rendit aux États-Unis par la voie des Indes. Le 23 avril 1855, à l'arrivée de son vaisseau de commandement dans la rade de New-York, il vint à bord et termina sa campagne en faisant abaisser le pavillon amiral.

Le traité ratifié fut remis au capitaine Adams, qui revint à Simoda le 26 janvier 1855. Le 21 février 1856, les ratifications étaient échangées [1].

[1] Le gouvernement américain a fait publier le récit officiel de l'expédition sous ce titre :

Narrative of the expedition of an American squadron to the China seas and Japon, performed id the years 1852, 1853, and 1854, under the command of commodore M. C. Perry, United states navy, by order of the government of the United states. Compiled from the original notes and journals of commodore Perry and his officers, at his request, and under his supervision, by Francis L. *Hawks*, D. D. L. L. D. with numerous illustrations. — Published by order of the congrest of the united states. — Washington : 1856, in-4°.

L'ouvrage doit se composer de quatre volumes dont trois ont paru.

Le premier volume est consacré au récit de la campagne.

Le second contient de nombreux mémoires sur l'agriculture, sur les sciences naturelles, sur les relations commerciales à établir avec le Japon. Au point de vue des sciences naturelles, on fait observer que, l'expédition américaine, ayant été diplomatique et navale, et non scientifique, les officiers qui ont étudié le pays et formé des collections n'avaient ni tous les moyens ni l'entier loisir d'ar-

II

PREMIÈRES NÉGOCIATIONS DES RUSSES (1854), DES ANGLAIS (1855),
ET DES FRANÇAIS (1855).

Au moment où l'escadre américaine s'éloignait d'Yedo, l'amiral russe Poutiatine se présentait pour la première fois devant Nagasaki (20 août 1854), remettait la demande préliminaire à un traité, et s'éloignait pour revenir après quelques mois.

A l'entrée de la campagne militaire de 1855, la garnison russe de Pétropavlowski, désespérant de défendre la place contre les escadres alliées, l'évacua, et passa sur les deux frégates l'*Aurora* et la *Diana*, et sur trois baleiniers américains, pour chercher un refuge à l'embouchure de l'Amour. L'amiral, avec la *Diana*, se rendit d'abord au Japon, où il signa le traité, de tous points analogue au traité américain. Mais, au moment de partir pour le Nord, la *Diana* fit naufrage auprès de Nagasaki, et l'amiral dut monter avec son équipage sur une jonque chinoise qui le ramena vers l'Amour. Bientôt la flotte anglo-française y bloqua les vaisseaux russes (août-septembre 1855).

Dans la même année 1854 le vice-amiral anglais sir James Stirling vint à Nagasaki déterminer les bases d'un traité semblable, avec les gouverneurs de cette ville, délégués par l'empereur du Japon.

Nagasaki et Hakodadi étaient ouverts pour les navires anglais ; Na-

river à des résultats complets. Néanmoins les travaux de M. W. Heine sur les oiseaux japonais, après révision par M. Cassin, professeur à Philadelphie, et du commodore lui-même sur les poissons et les coquillages, sont d'une grande valeur. La description des plantes recueillies par MM. Wells Williams, Green, Fahs et Morrow est malheureusement très-incomplète par l'effet d'une circonstance étrangère aux auteurs, c'est-à-dire par la révision beaucoup trop lente d'un savant botaniste américain. On trouve dans le volume plusieurs dessins coloriés d'oiseaux, de poissons et de coquillages, tous inédits, car on a omis de représenter les espèces précédemment décrites par les naturalistes. A la suite se trouve une note fort intéressante sur les ouragans ou thyphons, rédigée par M. William C. Redfield, de New-York, des observations sur le gulf-stream de l'Océan Pacifique septentrional, par le lieutenant Silas Bent, et ses directions nautiques ; enfin un grand nombre de cartes et de plans relatifs à l'expédition.

Le troisième volume est entièrement rempli par les cartes célestes et les observations astronomiques, dues au révérend George Jones.

Le quatrième, qui doit avoir pour objet l'ethnographie, n'a pas encore paru.

Il est à désirer que les autres nations publient, après leurs expéditions, des relations aussi complètes et aussi consciencieuses.

gasaki, dès la signature du traité; Hakodadi, cinquante jours après le départ de l'amiral.

Les bâtiments en détresse pouvaient s'abriter dans tous les ports.

Le traitement, égal à celui de la nation la plus favorisée, était stipulé sous la réserve des avantages particuliers concédés aux Hollandais et aux Chinois.

L'article 7 portait une restriction que nous verrons abolie plus tard. Il y était dit qu'après la ratification du traité nul commandant naval n'aurait le droit de les altérer ou modifier.

Les ratifications furent échangées à Nagasaki, le 9 octobre 1855, par l'amiral Stirling et les commissaires japonais. Une convention supplémentaire fut annexée au traité, pour en éclaircir et définir certains articles. Nous croyons essentiel de donner ici deux articles de cette convention.

Après avoir expliqué l'article 1er, l'on ajoute: Toutes les communications officielles auront lieu désormais en anglais, quand les Japonais auront eu le temps d'apprendre cette langue. Pour la sépulture des Anglais, il sera réservé dans *Medsumésima* un terrain clos par un mur en pierre et convenablement protégé. Le troisième article déclare que les navires en détresse ou désemparés pourront seuls entrer dans les ports autres que ceux de Nagasaki et de Hakodadi sans l'autorisation du gouvernement japonais; mais, les navires de guerre possédant, *pour l'accomplissement de leurs devoirs publics*, le droit d'entrer dans tous les ports des puissances amies en général, ce droit ne peut souffrir d'atteinte ni de restriction : toutefois les navires de S. M. Britannique n'entreront point dans d'autres ports que les ports ouverts, sans nécessité ni sans explications convenables avec les autorités impériales.

Une observation finale insérée par l'amiral anglais est aussi digne d'attention, en ce qu'elle ouvre une large voie à l'infraction et au désaveu :

« Toutes ces dispositions sont équitables, est-il dit, mais elles n'impliquent nullement que tout acte d'un individu, d'une position élevée ou inférieure, *non préalablement autorisé ou postérieurement* désavoué par S. M. la reine de la Grande-Bretagne, *pourrait annuler la convention conclue avec Elle seule par l'empereur du Japon.* »

La France ne fit alors qu'un acte de présence au Japon. M. le contre-amiral Guérin, commandant la division navale de l'Indo-Chine, n'étant point investi des pouvoirs diplomatiques, visita seulement le port d'Hakodadi, où il demeura quinze jours (1er-15 août 1855), et il put s'assurer des dispositions favorables du gouvernement japonais à entrer en relations avec la France. L'amiral établit ses malades à terre dans une pagode convertie en hôpital.

Au mois de mai 1856, l'amiral revint à Hakodadi, et reprit les marins qu'il avait laissés à terre.

Bientôt après, dans la nuit du 29 au 30 juin, sa frégate la *Virginie* sauva l'équipage d'une jonque japonaise, l'*Osaka*, qui avait le feu à son bord. Ce bâtiment était chargé de cuivre, à destination de la Chine. Lorsque les embarcations de la *Virginie* furent arrivées auprès de l'*Osaka*, l'incendie était tellement violent, que le métal placé dans la cale et dans l'entre-pont venait d'entrer en fusion. La jonque coulait à fond dans le moment même. Les vingt-cinq hommes qui composaient l'équipage furent tous sauvés et conduits à Nagasaki.

III

NOUVELLES NÉGOCIATIONS DE LA HOLLANDE (1855).

Les Pays-Bas, en présence des faits accomplis, voulurent ajouter à leurs priviléges le bénéfice des stipulations accordées à d'autres nations. M. Donker Curtius, commissaire néerlandais à Nagasaki, arrêta dans cette ville avec des commissaires japonais, le 30 janvier 1855, et signa, le 9 novembre de la même année, une convention étendue qui maintenait la situation privilégiée des Hollandais à Nagasaki, et qui leur accordait les articles favorables déjà concédés à leurs concurrents américains, russes et anglais. Nous en transcrivons les articles essentiels :

ARTICLE PREMIER. — A partir du 1er décembre 1855, les Néerlandais auront à jamais la jouissance de la liberté personnelle absolue. Par conséquent, ils auront la faculté de sortir de Décima, sans être soumis à une surveillance quelconque, ainsi que cela a eu lieu, jusqu'à présent et seulement en vertu d'une autorisation spéciale.

Art. 4. — Lorsque le gouvernement japonais ouvrira un ou plusieurs ports de l'empire à une ou plusieurs nations étrangères, la même faveur sera de droit accordée aux Pays-Bas.

Art. 5. — Lorsqu'un officier ou autre marin, ou un individu faisant partie, soit de la marine royale néerlandaise, soit de l'armée de terre, viendra à décéder au Japon, l'enterrement se fera avec les solennités militaires actuellement en usage dans les Pays-Bas. Des salves de mousqueterie, à terre, et des salves d'artillerie, à bord des vaisseaux de guerre néerlandais, pourront être tirées.

Art. 12. — A l'exception de la muraille extérieure des maisons de garde et des édifices publics, toutes les habitations et entrepôts de Décima seront vendus à la factorerie néerlandaise par l'entremise des gouverneurs de Nagasaki,

et le terrain de Décima sera loué aux Néerlandais. Le tout sera placé sous l'administration du chef de la factorerie néerlandaise et entretenu aux frais de cette factorerie.

Art. 14. — Les sujets néerlandais établis d'une manière permanente à Décima auront la faculté de se promener dans la baie sur des bâtiments néerlandais ou japonais, sans cependant pouvoir jeter l'ancre nulle part. Ils pourront également pêcher dans la baie, si l'état de leur santé l'exige. Ces bâtiments porteront le pavillon néerlandais, comme signe de reconnaissance.

Art. 15. — Les clefs de la porte dite *Waterpoort* seront confiées exclusivement au chef néerlandais de Décima.

Art. 16. — Les clefs de la porte dite *Landpoort* seront confiées à l'officier japonais qui y sera de garde.

Art. 17 — À l'exception du capitaine, les équipages des navires marchands néerlandais devront se soumettre à la visite de corps, en usage aujourd'hui, à leur arrivée à Nagasaki, par le *Landpoort* de Décima. Aucune visite ne pourra avoir lieu près du *Waterpoort*, ou à bord des bâtiments néerlandais.

Art. 23. — Les sujets Néerlandais demeurant à Décima pourront expédier des lettres sur les jonques chinoises ou sur les bâtiments d'autres nations.

Art. 24. — Les sujets néerlandais pourront entretenir librement des correspondances avec les capitaines de navire ou commandants d'escadres de nations étrangères, amies du Japon, se trouvant dans la baie de Nagasaki.

Art. 26. — Les navires marchands néerlandais pourront conserver à bord la poudre, les armes et les canons.

Cette convention devait être en vigueur jusqu'à un traité définitif.

L'article 1er ne devait avoir d'effet qu'à partir du 1er décembre 1855, et les articles 9, 12 à 14, 18, 20 et 26 qu'à partir du 1er janvier 1856.

Des articles additionnels à la convention furent conclus entre les mêmes plénipotentiaires à Nagasaki, le 25 août 1856. Nous en donnerons de même les principales dispositions. On y verra le progrès continu et comme irrésistible de la liberté commerciale, et de l'ascendant européen sur la politique et la civilisation japonaises. La religion chrétienne cesse d'être l'objet d'un outrage impie. La liberté personnelle au point de vue du culte privé, la permission donnée aux Néerlandais d'amener avec eux leur famille, l'extension du commerce des Néerlandais aux autres ports ouverts, avec la faculté générale pour tous les individus de vendre et d'acheter directement aux Japonais, c'est-à-dire l'abolition effective du monopole : tous ces faits nouveaux sont des progrès déjà considérables, et qui en préparent d'immenses pour l'avenir, nous en avons la certitude infaillible.

Voici les dispositions relatives à ces concessions capitales :

ARTICLE PREMIER. — Il est déclaré et convenu que les femmes et les enfants néerlandais seront aussi admis à Nagasaki et dans les autres ports ouverts au commerce.

Art. 5. — Le libre exercice de leur culte est garanti aux Néerlandais dans les ports ouverts au commerce.

Art. 6. — Le gouvernement japonais s'engage à abolir ou à laisser tomber en désuétude la coutume dite de *fouler aux pieds l'image*.

Art. 7. — Les Néerlandais seront aussi admis à faire le commerce dans les ports ouverts à cet effet, et seront également libres de vendre leurs marchandises à des négociants japonais, ainsi que d'acheter et de transporter des marchandises japonaises.

Art. 8. — Afin que la stipulation de l'article précédent reçoive son exécution pleine et entière, l'importation d'or et d'argent étranger, ainsi que l'exportation d'or et d'argent japonais, est permise.

Ainsi, par l'effet des avantages octroyés à d'autres nations, le commerce privilégié entre deux corporations, l'une indigène et l'autre néerlandaise, avait cessé d'exister. Et le système de payement admis dans la convention provisoire fut un premier effet de la situation nouvelle.

Le gouvernement néerlandais, comprenant en même temps que sa médiation entre l'empire japonais et les puissances d'Europe était désormais une chose aussi vaine que de la part du gouvernement japonais un isolement prolongé, mais conservant dans sa politique les errements de 1845, lorsqu'il notifiait aux gouvernements d'Europe les défenses du *Siogoun*, voulut affecter encore le rôle d'intermédiaire, et se donner l'honneur de convier tous les peuples à l'alliance et au commerce avec le Japon. Il fit donc insérer dans la convention supplémentaire l'article 14, ainsi conçu :

Le gouvernement du Japon se déclare prêt à entrer en relations de commerce avec toutes les nations étrangères dont les gouvernements désireront conclure des traités avec celui du Japon.

Cet article constatait l'abandon définitif par les Hollandais de toute prétention exclusive, et lui donnait l'apparence d'un renoncement généreux.

La Hollande fit plus encore : un article stipula que les Portugais eux-mêmes seraient admis à traiter s'ils en témoignaient le désir.

En effet, les Portugais étaient spécialement proscrits du Japon depuis plus de deux siècles, et leurs relations avec cet empire avaient cessé par le supplice des quatre ambassadeurs de 1640.

Après ces différents traités, le régime d'exclusion n'était donc plus possible; mais il n'était pas aboli solennellement. Aussi, lorsque les Américains, interprétant la convention de Kanagawa, voulurent établir à Simoda des magasins et des comptoirs permanents, ils furent obligés de céder devant la résistance des autorités japonaises, qui donnaient un autre sens aux clauses du traité. Cependant le vieil édifice était ébranlé jusque dans ses bases, il devait s'écrouler devant les assauts réitérés de la politique européenne.

Déjà la navigation en général et les expéditions baleinières en particulier trouvaient dans l'accès des ports japonais une ressource immense et des éléments infinis de progrès.

Mais, sur toutes choses, l'Europe, entrant en relations avec un empire plein de vie, malgré sa concentration séculaire et ses institutions surannées, devait tôt ou tard se l'assimiler et le renouveler : les Japonais eux-mêmes, par une expansion irrésistible, devaient un jour visiter l'Europe et l'Amérique, pour s'y pénétrer de notre civilisation, et la rapporter dans leur pays natal.

Le gouvernement néerlandais, prenant enfin les devants pour une extension plus radicale des relations commerciales avec le Japon, chargea son représentant, M. Donker Curtius, de négocier un traité complet et qui réalisât tous les principes existant en germe dans les conventions primitives. Ce traité devait servir de modèle aux traités ultérieurs qui seraient conclus par les autres puissances avec le Japon.

Sa Majesté le roi des Pays-Bas investit M. Donker Curtius d'un titre politique, afin d'égaler son représentant aux dignitaires japonais, aux yeux de qui la profession commerciale, dans le surintendant lui-même, était inférieure et presque vile.

En même temps il adressait aux gouverneurs de Nagasaki une note conçue dans l'esprit le plus libéral et renfermant les bases d'une convention supplémentaire très-étendue.

L'application des principes du libre-échange, était-il dit dans la note, rentre tellement dans le cours naturel des choses, qu'elle est devenue nécessaire à tous les peuples. Le refus qu'opposerait l'empereur au commerce étranger armerait contre son empire toutes les principales puissances maritimes du monde. Au contraire, en ouvrant ses ports, le Japon se préparait un commerce immense d'importation, d'exportation et de transit. *La liberté du culte chrétien devait être accordée*[1].

Le gouvernement néerlandais proposait comme *ultimatum* la signature immédiate du traité de 1855 et des articles proposés en 1856, ou la rupture absolue des rapports entre les deux pays. Le Siogoun, en novembre 1857, ratifia le traité et son nouvel appendice, en date du 16 octobre précédent, avec de très-légères modifications.

Nous donnerons les parties les plus essentielles de la convention supplémentaire.

[1] Nous appelons l'attention sur ce passage essentiel de la note néerlandaise émanant d'un souverain protestant.

ARTICLE PREMIER. — Le commerce sera permis à l'avenir dans les ports de Nagasaki et Hakodadi.

A Hakodadi le commerce ne devra commencer que dix mois après la signature de ces articles.

Art. 2. Le droit de tonnage, fixé à 5 mas ou 80 cents néerlandais par tonneau, doit être acquitté dans les deux jours après l'arrivée.

Pour les navires d'une capacité moindre de 150 tonneaux, le droit de tonnage sera seulement d'un mas ou 16 cents néerlandais par tonneau.

Les vaisseaux de guerre sont exempts du droit de tonnage, mais ils payent le droit de pilotage et le salaire des bâtiments remorqueurs.•

Art. 5. — Le nombre des vaisseaux de commerce à admettre est illimité.

De même le commerce en lui-même ne sera point restreint à une certaine somme ou valeur. Si les marchandises apportées par les Japonais ne sont pas vendues, ou qu'il y ait insuffisance d'articles de retour, les articles du pays doivent demeurer en magasin.

Si les marchandises apportées par les Hollandais sont vendues et qu'il y ait insuffisance de retour, la différence doit être payée aux étrangers par la chambre des comptes, en monnaies d'or et d'argent, selon que la chambre en sera pourvue.

Art. 6. — Un droit de 35 pour 100 sera perçu sur le produit de toutes les marchandises réalisées soit en vente publique, soit en vente privée. Ce droit ne sera point perçu sur les articles vendus à la chambre des comptes. Les droits d'importation, d'exportation et de transit seront réglés d'accord à des époques ultérieures, et l'actuelle imposition de 35 pour 100 aura son effet jusqu'auxdites époques.

Les articles 7 et 8 règlent minutieusement l'intervention de la chambre des comptes dans les payements entre Néerlandais et Japonais.

Art. 9. — Non-seulement les fournisseurs déterminés, mais tous les marchands en général, pourront se rendre à Décima pour acheter et vendre des marchandises. Un bazar de commerce sera construit à Hakodadi.

Art. 12. — Les Néerlandais pourront aussi faire les payements en monnaies étrangères d'or et d'argent.

Si le gouvernement japonais consent à recevoir des monnaies étrangères d'or et d'argent, il sera négocié à cet égard avec le gouvernement néerlandais.

Toutes les monnaies étrangères d'or et d'argent devront néanmoins être versées à la chambre des comptes.

La piastre espagnole à colonnes est évaluée à 2 florins 50 cents des Pays-Bas; le dollar d'argent mexicain à 2 florins 55 cents.

Art. 13. — Les munitions de guerre de toute nature ne peuvent être vendues qu'au gouvernement japonais : il est défendu d'en vendre aux marchands.

Si, parmi les articles importés pour la première fois au Japon, il s'en trouve dont le gouvernement japonais veuille prohiber l'introduction, il en sera négocié dans la forme officielle.

Art. 14. — L'introduction de l'opium au Japon est prohibée.

Art. 15. — L'or et l'argent ne peuvent être achetés par les Hollandais. La défense n'est pas applicable aux objets dorés, ni à l'or et à l'argent ouvrés.

Les monnaies japonaises ne peuvent être exportées.

On voit ici la modification apportée aux propositions hollandaises, au lieu de l'importation et de l'exportation libres des monnaies japonaises et étrangères, on prohibe l'exportation des monnaies japonaises, et l'on réserve à la chambre des comptes le droit exclusif de recevoir les monnaies étrangères.

Art. 16. — Le riz, l'orge, le froment, le charbon de pierre, certaines sortes de papiers, les livres, les cartes géographiques, les ouvrages de cuivre, doivent être procurés exclusivement par la chambre des comptes.

Mais ce règlement n'est point applicable aux articles étant à l'usage particulier des fournisseurs ou achetés en ville.

Les livres et cartes qui seraient imprimés ou écrits sans la permission du gouvernement japonais, et qui viendraient à être vendus, ne pourraient être exportés.

Art. 17. — Le cuivre, les sabres et accessoires, les étoffes de soie appelées *Jamato nisiki*, les engins de guerre, les armes à feu, les arbalètes et accessoires, ne peuvent être procurés par les marchands.

Art. 32. — Les limites de la promenade pour les Hollandais, à Nagasaki, sont indiquées sur la carte annexée à la convention;

La limite pour Hakodadi est fixée à 5 milles japonais.

Si un Hollandais franchit ces limites sans l'autorisation du gouvernement, il doit revenir sur ses pas au premier avertissement. A défaut d'obtempérer au premier avertissement, il doit, sans acception de personne, être saisi et livré au surintendant hollandais.

Art. 33. — Les Hollandais ont le libre exercice de leur culte, c'est-à-dire du culte chrétien, dans leurs demeures et dans les places de sépulture qui leur sont attribuées.

ANNEXE B. (*Acte complémentaire des articles additionnels.*)

Art. 1er. — Considérant que le *kompshandel* (commerce de la Compagnie privilégiée) va cesser à partir de ce jour, et que l'exportation du cuivre est réservée exclusivement au gouvernement japonais, qui pourra l'échanger contre d'autres articles, l'usage de faire des présents et le *fussak* (espèce de rémunération), dont il est fait mention dans l'article 26 du traité, est supprimé.

ANNEXE E.

L'acte de fouler aux pieds l'image du Christ est dorénavant aboli; mais l'introduction du christianisme, comme aussi l'importation de livres, estam-

*pes ou images ayant rapport au culte chrétien et à tout autre culte étranger,
est défendu au Japon.*

Nous transcrivons ici l'extrait du rapport adressé à Sa Majesté le roi
des Pays-Bas, par les ministres des colonies et des affaires extérieu-
res, au sujet de ce dernier article :

« Touchant la prédication et la libre et complète profession du culte chrétien. . . . . . il n'a pas été accordé tout ce que la Hollande aurait désiré. Mais,
quand on considère, en ce qui concerne le point si considérable du culte di-
vin, que, par les articles additionnels, la liberté de professer le culte est accordée limitativement dans les maisons et dans les cimetières, et que, par une
communication officielle séparée du gouvernement japonais, l'acte appelé *cal-
cation de la figure*, si blessant pour le sentiment chrétien, est déclaré aboli;
que l'on considère également et non sans un fondement certain, ainsi que le
fait observer le commissaire de Sa Majesté au Japon, qu'en procédant avec
sagesse, et ne désirant pas tout obtenir à la fois, on peut obtenir successivement, de la part du gouvernement japonais, des concessions de plus en plus
étendues sur ce point et sur d'autres : par ces motifs, les soussignés sont d'avis
que l'on fera sagement, et spécialement à cet égard, de se tenir pour satisfait,
à titre de commencement, de ce qui se trouve obtenu quant à présent[1].

IV

NOUVEAUX SUCCÈS DES AMÉRICAINS ET DES RUSSES (1858).

M. Towsend Harris, consul général des États-Unis à Simoda, conclut à Kanagawa, le 28 juillet 1858, un traité supplémentaire. Voici
les termes dans lesquels dans un récent message, le président des
États-Unis s'exprime officiellement sur ce traité :

« Je suis heureux d'annoncer que, par les efforts énergiques quoique con-
ciliants de notre consul général au Japon, un nouveau traité a été conclu
avec cet empire; on doit s'attendre à ce qu'il augmente matériellement notre
commerce et nos relations dans ces régions, et qu'il écarte de nos concitoyens les entraves qui leur avaient été précédemment imposées dans l'exer-

[1] *Le Jarasche Courant* apporte une relation détaillée du dernier voyage du
commissaire néerlandais, à la cour de Yedo. Pour la première fois, le commissaire a été reçu par l'empereur du Japon en personne. S. M. Japonaise, Dai-Nipon,
était assise sur un trône magnifique, et a daigné adresser elle-même la parole à
l'envoyé néerlandais,
  La langue dont s'est servi l'empereur était le hollandais, qu'il parle très-pure-
ment et sans avoir besoin d'interprète. (*Journal de Bruxelles*, 5 janvier 1859.)

cice de leur religion. Ce traité sera sans délai soumis à l'approbation du sénat. »

M. Harris a visité Yedo et obtenu l'honneur d'une audience personnelle du Siogoun.

On dit qu'une grande ambassade japonaise doit arriver à Washington vers le mois de mai ou de juin de l'année prochaine. Cette ambassade doit être transportée à Panama par une frégate américaine à vapeur, et de là se rendre à New York. Elle apporte, dit-on, des cadeaux magnifiques de la part de l'empereur du Japon pour le gouvernement américain.

A la même époque, l'amiral Poutiatine conclut à Nagasaki, au nom de la Russie, un traité supplémentaire identique. L'amiral n'eut audience que du fils du Siogoun, enfant de douze à treize ans.

Il est à remarquer que les forces considérables mises à la disposition de l'amiral Poutiatine peuvent lui permettre d'exercer une certaine influence sur les affaires japonaises et chinoises.

Déjà pendant le printemps, l'amiral avait exploré les côtes de la Mandchourie et découvert deux beaux ports d'une étendue immense et pouvant abriter les plus grands vaisseaux en tout temps de l'année. L'amiral en a pris possession au nom de la Russie et leur a donné les nom de Saint-Wladimir et de Sainte-Olga.

\

DERNIER TRAITÉ DE L'ANGLETERRE, TRAITÉ DE LA FRANCE (1858).

L'année dernière, à l'issue de la campagne de Chine, pendant que l'ambassadeur français, confiant dans les sentiments de son collègue d'Angleterre, attendait, d'accord avec lui, les plénipotentiaires chinois avec lesquels on devait régler les tarifs de douanes, lord Elgin, prétextant des motifs de santé, monta sur un navire et gagna la haute mer. Ce procédé regrettable et blâmé généralement en Angleterre valut à Sa Seigneurie le frivole avantage de prévenir de quelques semaines M. le baron Gros dans la conclusion d'un traité définitif avec le Japon. Lord Elgin pénétra dans la baie d'Yedo avec les frégates le *Furious* et la *Retribution*. Et Sa Seigneurie, dit le *China Mail*, a rencontré si peu de difficulté pour arriver à son but, que les décisions prises dans sa visite préliminaire se sont résumées définitivement en un traité.

Les conditions étaient presque identiques à celles stipulées avec les États-Unis.

Les traités russe et américain ne nous étant pas connus encore et ne devant l'être, selon toute apparence, qu'après la ratification, nous donnerons ici le document communiqué aux journaux anglais par le *Foreign-Office*, d'autant plus que, le traité français dont nous avons encore à parler se trouvant lui-même identique avec le traité anglais, nous aurons dans cette pièce, avec de légères différences, la substance des quatre traités conclus présentement, que la stipulation de conditions communes avec la nation la plus favorisée assimile définitivement d'une manière absolue.

Sommaire du traité conclu entre Sa Majesté Britannique et l'empereur du Japon, signé à Yedo, le 26 août 1858.

ARTICLE PREMIER. Paix et amitié.

Art. 2. Droit réciproque de nommer un agent diplomatique à Yedo et à Londres, ainsi que des agents consulaires dans les ports ouverts. L'agent diplomatique anglais et le consul général pourront voyager dans quelque partie que ce soit du Japon; l'agent diplomatique et le consul général japonais pourront également voyager dans la Grande-Bretagne partout où ils voudront.

Art. 3. Les ports et villes de Hakodadi, Kanagawa et Nagasaki seront ouverts aux sujets britanniques le 1er juillet 1859; Nee-e-gate, ou, s'il ne convient pas comme port, quelque autre port de la côte occidentale de Nipon, le 1er janvier 1860; Hiogo, le 1er janvier 1863. Dans toutes ces places, les sujets anglais pourront résider d'une manière permanente, louer à bail des terres, acheter et construire des bâtiments, mais non des fortifications. Ils ne seront renfermés ni dans des murailles ni en dedans de portes; il ne sera mis obstacle ni à ce qu'ils entrent ni à ce qu'ils sortent librement. Les limites dans lesquelles les sujets anglais pourront voyager sont déterminées. Dix *ri* forment la limite générale dans quelque direction que ce soit; chaque ri est de 4,275 yards. Après le 1er janvier 1862, les sujets anglais pourront résider à Yedo, et à compter du 1er janvier 1863, à Osaca, seulement pour des intérêts de commerce. Dans chacune de ces villes, l'agent diplomatique anglais et le gouvernement japonais fixeront un district convenable pour leur résidence et la distance jusqu'à laquelle ils pourront aller.

Art. 4. Toutes les questions qui s'élèveront entre les sujets anglais dans les États japonais ressortiront des autorités britanniques. Les sujets anglais qui commettront des crimes contre des Japonais ou d'autres étrangers seront punis par les autorités britanniques, conformément à la loi anglaise.

Art. 5. Les Japonais qui se seront rendus coupables d'un crime envers des sujets anglais seront punis par les autorités japonaises.

Art. 6. Seront réglés d'accord les griefs et plaintes des Anglais contre les Japonais ou des Japonais contre les Anglais.

Art. 7. Les autorités feront de part et d'autre tout ce qui dépendra d'elles pour amener le recouvrement des dettes dues par leurs nationaux à ceux de l'autre pays, sans toutefois être responsables du payement.

Art. 8. Le gouvernement japonais ne mettra nulle opposition à ce que des sujets anglais emploient légitimement des Japonais.

Art. 9. *Les sujets anglais ont la liberté de suivre leur religion au Japon et peuvent bâtir des édifices de culte.*

Art. 10. La monnaie étrangère aura cours au Japon ; la valeur en sera déterminée par le poids. L'argent monnayé (excepté la monnaie de cuivre japonaise) et l'or, ainsi que l'argent étranger, pourront être exportés.

Art. 11. Pourront être débarqués et emmagasinés à Kanagawa, Hakodadi et Nagasaki, francs de droit, les approvisionnements destinés à la marine anglaise.

Art. 12. Si un navire anglais quelconque fait naufrage sur la côte du Japon, les autorités japonaises procureront des secours au navire et à l'équipage, et, s'il en est besoin, elles enverront ce dernier à la station consulaire la plus rapprochée.

Art. 13. Les bâtiments marchands anglais peuvent employer un pilote pour les conduire dans le port ou les en faire sortir.

Art. 14. A chacun des ports ouverts les sujets anglais peuvent importer et exporter, directement ou indirectement, toute marchandise licite, en payant les droits prescrits par le traité.

Excepté les munitions de guerre qui ne seront vendues qu'au gouvernement japonais, ils peuvent librement acheter des Japonais ou leur vendre tous les articles qu'ils peuvent avoir en vente. Les Japonais peuvent acheter et vendre de même.

Art. 15. Sera déterminée la valeur des marchandises importées.

Art. 16. Toutes les marchandises importées au Japon par les sujets anglais, lesquelles ont payé le droit d'importation, peuvent être transportées par les Japonais sur un point quelconque de l'empire, sans être assujetties à d'autres droits.

Art. 17. Les négociants anglais qui ont importé des marchandises et payé le droit sont autorisés à réclamer un certificat du payement et pourront ensuite les réexporter et les débarquer dans tout autre port sans payer un nouveau droit.

Art. 18. Les autorités japonaises, dans chaque port, adopteront les mesures convenables pour empêcher la contrebande.

Art. 19. Toutes les amendes et confiscations faites conformément au traité appartiendront au Tycoon (ou Siogoun) du Japon.

Art. 20. Les articles relatifs au commerce, annexés au traité, sont considérés comme en faisant partie et comme étant également obligatoires. L'agent diplomatique anglais, de concert avec le gouvernement japonais, pourra faire tel règlement qui sera jugé nécessaire à l'exécution du traité ainsi que des articles.

Art. 21. Le traité est signé en anglais, en japonais et en hollandais ; le texte hollandais sera considéré comme étant l'original. Toutes les communications officielles de l'agent diplomatique et des agents consulaires anglais seront écrites en anglais ; mais pendant un terme de cinq années elles seront accompagnées d'une traduction hollandaise ou japonaise.

Art. 22. Chaque partie signataire peut demander la révision du traité le 1ᵉʳ juillet 1862 ou postérieurement.

Art. 23. Le gouvernement anglais et les sujets anglais auront droit à une égale part dans tous les avantages accordés ou qui le seront par la suite, dans le Japon, au gouvernement et aux sujets de toute autre nation.

Art. 24. Les ratifications seront échangées dans le délai d'une année.

Au traité avec le Japon, se trouvent joints des règlements pour le commerce anglais, règlements qui sont déclarés faire partie du traité et être également obligatoires. Ils contiennent différentes instructions pour les capitaines des navires et des dispositions de détail relatives au commerce.

Des fonctionnaires de la douane japonaise pourront être placés à bord des bâtiments (excepté toutefois les bâtiments de guerre), où ils auront la garde des écoutilles.

L'importation de l'opium est sagement prohibée, et toute quantité dépassant trois catties doit être détruite.

Un article règle les droits de tonnage; un autre détermine l'échelle du tarif. S'il s'agit de liqueurs enivrantes, le droit est de 35 pour 100. Le riz et le blé, produits du Japon, ne peuvent être exportés, mais les résidents anglais et les équipages et passagers des navires pourront en obtenir autant qu'ils en auront besoin. Le gouvernement japonais fixera les règles pour les ventes périodiques du cuivre.

L'ambassadeur anglais ne fut point admis à l'audience du Siogoun, alors gravement malade, et déclina l'entrevue avec le jeune prince. Peu de jours après, lord Elgin était de retour à Chang-Haï, où l'ambassadeur français avait eu la conscience de l'attendre pour terminer la question des tarifs avec les commissaires venus de Pékin.

Le baron Gros, après la conclusion des affaires chinoises, fit voile pour le Japon. L'empereur venait de mourir et l'on s'efforçait d'en cacher la nouvelle. En même temps, le choléra venait de se déclarer au Japon et y sévissait avec violence. Néanmoins notre ambassadeur fut reçu de la manière la plus honorable, et ses négociations amenèrent immédiatement la conclusion d'un traité. M. le baron Gros était assisté par un missionnaire français, le P. Mermet, qui parle la langue japonaise avec une rare facilité. On conclut le 9 octobre, à Yedo, le traité français, de tout point, identique au traité anglais. Il en a été rédigé plusieurs exemplaires écrits en français, en japonais vulgaire, en japonais littéraire compris seulement par les bonzes et les autorités de l'empire, et en hollandais. Il était de retour à Chang-Haï vers la fin d'octobre.

On prépare à cette heure de splendides présents pour le nouvel empereur du Japon. Ces riches cadeaux consistent principalement en armes de précision. L'empereur Napoléon envoie au Siogoun, pour l'armement de sa garde spéciale, 100 fusils du plus beau modèle et deux bouches à feu semblables à celles qui ont été offertes à la reine d'Angleterre. Parmi ces présents figurent également de magnifiques tapisseries des Gobelins.

VI

En résumé, les nations chrétiennes, qui n'étaient représentées au Japon que par une compagnie de marchands qui se proclamaient non chrétiens, mais Hollandais, confinés dans une île de six cents pieds de long sur deux cent quarante de large, ont aujourd'hui dans leurs mains cinq traités solennels obtenus par les États-Unis, la Russie, l'Angleterre, la France et la Hollande.

Nous ne connaîtrons exactement le texte de ces traités qu'après l'échange des ratifications.

On a vu qu'ils contiennent encore bien des entraves pour le commerce, bien peu de facilités pour la religion. On a vu que les Japonais ont accordé la liberté personnelle du culte aux sujets étrangers, mais aucune liberté aux sujets japonais, aucune permission de fonder des églises et des écoles et de propager l'Évangile.

Même ainsi réduit, le succès obtenu par nos diplomates est déjà considérable : la divine Providence fera s'accomplir le reste.

Souhaitons donc bonne chance à notre commerce ! Il ne doit pas s'attendre à tirer du Japon les précieux produits des terres tropicales. Le Japon, composé de trois grandes îles et d'une quantité de plus petites, est placé à peu près sous la même latitude que nous. En outre, il est immensément peuplé pour son territoire, qui est de cinq mille lieues carrées, et la consommation locale laisse peu de produits alimentaires à exporter. Mais cette condition même est excellente pour l'importation. Le Japon contient peu de fer, mais beaucoup d'or et surtout du cuivre. Ses laques, son incomparable porcelaine, son papier, ses soies, le riz, le thé, voilà d'excellents articles d'échange.

Les rapports iront vite avec un peuple intelligent, désireux et capable de s'instruire. Il n'y a pas de douane qui puisse longtemps arrêter ces choses impalpables : la langue, les mœurs, les idées et surtout les croyances.

Déjà on ne foule plus la croix sous les pieds en pénétrant au Japon. Bientôt elle y sera plantée, l'on y découvrira bientôt à quelques pieds sous terre les ossements de nos martyrs et les fondations de nos églises. Les marchands de Nagasaki osaient dire : « Nous ne sommes pas chrétiens, mais Hollandais ! » En 1673, les Anglais consentaient à ne pas arborer la croix sur leur pavillon ; au commencement de ce siècle, les Russes se soumettaient à la même humiliation. En février 1849, seize matelots américains, naufragés, étaient contraints, sous peine de mort, en entrant en prison, de fouler la croix aux pieds; on leur disait que le Christ était le diable du pays. Le commodore Flynn obtint la délivrance de ces infortunés, misérables par leur sort et plus encore par l'apostasie[1].

Grâces à Dieu, nous apporterons désormais aux Japonais un autre langage, d'autres exemples, et nous ne souffrirons plus de pareils scandales. En ce moment même, quatorze matelots japonais, naufragés sur les côtes de Chine, ont été recueillis à la procure des missions étrangères, à Hong-Kong. On leur apprend à baiser la croix et à connaître et aimer notre religion sainte.

Les peuples chrétiens se souviendront que la religion fut la première à porter au Japon le nom européen[2]; ils ne permettront pas qu'elle soit condamnée à n'y revenir que la dernière.

Les récents événements nous comblent d'espérance, mais notre confiance s'appuie surtout sur le Dieu de lumière et de bonté, qui semble marquer le jour où tant d'âmes seront rendues à la vérité, où le sang de Jésus-Christ rendra fécond le sang de tant de martyrs versé sur cette terre.

Quand l'un d'eux, l'illustre vice-provincial des Jésuites, Francisco Vieyra, était dans la prison d'Yedo en 1634, l'empereur Jemits avait désiré le voir, mais ne l'avait point fait venir devant lui, car d'après les lois la présence impériale absolvait tout accusé. L'homme apostolique, imitant l'exemple de saint Paul en la prison Mamertine, prêchait d'exemple et de parole au milieu de ses gardes. Et ces hommes rendaient témoignage à la vérité, confessant que la politique les empêchait seule de recevoir le baptême. Les juges lui demandèrent d'exposer la loi qu'il était venu prêcher : ils admirèrent ses réponses, déclarèrent sa doctrine excellente en ses principes et salutaire à ses adhérents : mais leur conclusion suprême fut que l'empereur avait les chrétiens en horreur, à l'égal des larrons, des incendiaires et des homicides.

---

[1] C'est ici l'occasion de rappeler le fait glorieux de dix-huit soldats français prisonniers des Arabes, peut-être de l'émir Abd-el-Kader. On leur donnait le choix de se faire musulmans ou d'être décapités. Ces soldats répondirent : Nous n'étions pas d'excellents chrétiens, mais nous sommes des chrétiens, et nous préférons mourir. Tous les dix-huit eurent la tête tranchée. Ce fait admirable nous est attesté par M. l'abbé Suchet, vicaire général d'Alger, par M. l'abbé Viot, chanoine honoraire du même siége, et par d'autres autorités non moins respectables.

[2] Un missionnaire des îles Lew Chew, le P. Furet, vient d'envoyer au dépôt de la marine la seule carte du Japon, tracée par les indigènes, que ce dépôt ait reçue.

On lui demanda cependant d'exposer par écrit les raisons de sa foi, et dans l'espace de quatorze heures il écrivit la substance des principaux mystères dans la langue et avec les caractères du Japon. L'empereur, à qui cet écrit fut porté, l'ouvrit en présence de sa cour. En lisant, il s'arrêtait par intervalles, entrant profondément dans le sens de l'ouvrage, et s'en pénétrant. Venant enfin à un passage sur l'immortalité de l'âme, il s'écria : « Ce bonze européen, qui exprime avec tant de courage la doctrine qu'il professe, est en effet un sage ; et, si ses discours sont la vérité, malheur à nous ! »

Oïndono, son oncle et son premier ministre, le voyant plein de trouble, s'écria que le prince ne devait point s'arrêter à tous les délires d'un bonze étranger, et que la seule prédication d'une religion contraire aux croyances nationales était un crime irrémissible et digne de la mort. Et l'empereur Jemits ordonna le supplice du vénérable prêtre.

A la même époque, un Japonais catéchiste des Pères de la Compagnie de Jésus était menacé de la mort s'il continuait à prêcher la doctrine chrétienne. « Plût à Dieu, s'écria le pieux confesseur, que ma voix eût assez de force pour être entendue de tout le Japon : j'irais sur la montagne la plus élevée de l'empire, et j'annoncerais de toute ma puissance la vérité de Jésus-Christ ! » Un jour viendra où la parole évangélique, portée dans cet empire par de nouveaux apôtres et par des catéchistes enflammés de zèle, retentira sur les montagnes et dans la plaine, et jusqu'au milieu du palais impérial. Les descendants des chrétiens se rappelleront la foi paternelle, les persécuteurs se convertiront eux-mêmes, grâces aux prières de leurs victimes, et, selon la parole du prophète : *Et venient ad te curvi filii eorum qui humiliaverunt te !*

www.ingramcontent.com/pod-product-compliance
Lightning Source LLC
LaVergne TN
LVHW051325200726
843510LV00002B/513